All together...

¡Lo vamos a lograr!

DISNEY

MANNY MANITAS

¡Relájate, Manny!

Escrito por Marcy Kelman
Ilustrado por Alan Batson

everest

—¡Y el primer oyente que llame para dar la respuesta correcta a la adivinanza de hoy ganará una escapada de fin de semana en el Hotel Relax!

—Escuchadme todos —dijo Philip con gran excitación—. Jack Stack está a punto de desvelar la adivinanza de hoy en Radio Roquera.

—Bueno, esta es la adivinanza: ¿a qué herramienta nunca le falta un tornillo?

—¡Ya lo tengo! —exclamó Philip—. ¡Rápido, ayudadme a llamar por teléfono!
Rusty sujetó el auricular para Philip, mientras Squeeze usaba un lápiz para marcar el número de la emisora.

—Bienvenido al programa de Jack Stack. ¿Con quién hablo?

—¡Soy Philip, del taller de reparaciones de Manny!

—Hola, Philip. ¿Sabes la respuesta?

—*Yes!* ¡La herramienta a la que nunca le falta un tornillo es el destornillador!

—¡Correcto! ¡Enhorabuena, Philip! Has ganado una escapada al Hotel Relax. Te entregaré en persona tu premio después del programa de hoy.

Todas las herramientas empezaron a aplaudir y a saltar como locas.

Manny salió de la trastienda cargado con una caja de materiales:
—¿Qué pasa? ¿Estáis montando una *party,* chicos?
—¡Todavía no, pero vas a querer montar una cuando descubras lo que Philip acaba de ganar! —vitoreó Squeeze.
—¿Qué has ganado, Philip? —preguntó Manny.

—¡Un fin de semana en el Hotel Relax para todos nosotros! —exclamó Philip con orgullo—. ¿No te parece *wonderful?*

Manny se rascó la cabeza:

—¡Caray! No sé…, ¿cerrar el taller dos días? Aquí tenemos siempre mucho trabajo.

Dusty consultó el calendario:

—¡Pero este fin de semana no tenemos nada programado!

Manny estaba un poco preocupado:

—Bueno, y ¿qué pasa si surge algo, una *emergency*, por ejemplo? Alguien podría necesitar nuestra ayuda mientras estamos fuera.

Las herramientas se quedaron pensando. Entonces Stretch tuvo una idea:

—¡Ya lo tengo! Daremos el número de nuestro móvil al señor Lopart y él podrá llamarnos si hay una emergencia.

—¡Ay! Venga, Manny —suplicó Pat—. ¡Todo el mundo necesita un descanso!

—¡Es verdad! —coincidió Philip—. Si hay alguien que necesita unas vacaciones, es Turner. ¿No te has dado cuenta de que últimamente está muy gruñón?

—¿Qué quieres decir? —preguntó Turner frunciendo el ceño—. ¡Últimamente no he estado gruñón!

—Tienes razón. No es solo últimamente, *¡sino siempre!* —se rio Philip.

Manny sonrió:

—Es cierto que hemos trabajado mucho últimamente y es importante tomarse un respiro. Un fin de semana en el Hotel Relax es precisamente lo que necesitamos.

¡Todas las herramientas empezaron a vitorear! Justo en ese momento, Jack Stack entró en el taller.

—¡Hola, Philip, mi Adivinador Roquero de hoy! ¿Estás listo para unas vacaciones llenas de sensaciones? —preguntó Jack.

Philip saltó con entusiasmo:

—*Yes, I'm ready!* ¡Estoy listo!

—Aquí está tu tarjeta regalo y un folleto sobre el hotel —dijo Jack.

El equipo se reunió alrededor de Jack para mirar el folleto.

—¡Oh! ¡Tiene un campo de golf, pistas de tenis y una piscina! —exclamó Dusty—. ¡Vacaciones con sensaciones, allá vamos!

Ese fin de semana, el equipo se puso en camino. Después de unas horas en la carretera, llegaron al hotel.

Philip se quedó boquiabierto:

—¡Caray! —exclamó—. ¡Es mucho más lujoso de lo que me imaginaba!

Manny inspeccionó la entrada:

—*Mmm,* hay un ladrillo suelto en este camino. Debería arreglarlo antes de que alguien tropiece. Y hay que apretar el cerrojo de esta cancela.

—Estamos aquí para relajarnos, ¡no para trabajar! —recordó Turner a Manny—. Las vacaciones son para eso.

—¡Vaya! Tienes razón —admitió Manny—. Tengo que dejar de pensar en reparaciones e intentar relajarme. ¡Venga, vamos a echar un vistazo a nuestra habitación!

Las herramientas estaban encantadas de estar por primera vez en una habitación de hotel.

Stretch estaba maravillado con la preciosa habitación:

—¡Es tan lujosa!

—¡Y mira, hay bombones en la almohada! —exclamó Dusty.

Cuando Manny puso su bolsa encima de la mesa, esta se tambaleó:

—Mira esta *table* —dijo.

Pat lo miró perplejo:

—¿Qué cable? No veo ningún cable.

—Límpiate los oídos. ¡Manny ha dicho *table,* no cable! —refunfuñó Turner—. *Table* es mesa en inglés.

—¡¿Quééé paaasa?! —preguntó Rusty asustado—. ¿Va a caerse?

—No, solo se tambalea —explicó Manny—. ¡Pero si reforzamos la junta de la pata delantera derecha, la dejaremos como nueva!

Philip suspiró:

—No está permitido trabajar durante las vacaciones, ¿recuerdas?

Manny movió la cabeza y sonrió:

—Tienes razón, Philip. Es hora de relajarse y disfrutar. Voy a lavarme un poco antes de ir a la piscina.

En el cuarto de baño, Manny vio que el grifo del lavabo estaba goteando:

—Eh, están cayendo gotas de *water*... —la voz de Manny se apagó. Sabía que tenía que desconectar del trabajo. Después de todo, esa era la primera vez que las herramientas estaban en un hotel y Manny no quería estropear la ocasión.

—¿Pasa algo, Manny? —preguntó Stretch.

—No, Stretch —contestó Manny—. Estaba a punto de decir que me apuesto algo a que la *water* de la piscina está azul cristalina. ¡Vamos a echarle un vistazo!

—¡Qué bien! ¡Todas las herramientas a la piscina! —gritó Squeeze.

Las herramientas se divertían en la piscina: Philip bailaba al son de la radio; Turner leía el periódico; Rusty y Stretch jugaban al bádminton, y Squeeze y Pat se relajaban en una colchoneta en el agua.

Manny se sentó en una tumbona junto a Dusty, se puso protector solar y trató de no pensar en las reparaciones.

En ese momento, una niña que estaba en la piscina empezó a llorar.

Philip se acercó a ella dando saltos:

—¿Qué pasa, *young lady?*

—Se ha roto mi barco y ahora mi muñeca no puede navegar en la piscina —sollozó la pequeña.

La madre de la niña corrió a su lado:

—Está bien, Sally. Venga, vamos a sacarte del agua.

En cuanto Manny se enteró del problema, quiso ayudar:

—Disculpe, señora. Si lo desea, mis herramientas y yo podríamos arreglar el barco de Sally.

—¡Oh! Se lo agradeceríamos muchísimo —dijo la mamá de Sally aliviada—. ¡El barco es un regalo especial del abuelo de Sally y significa mucho para ella!

—*No problem* —contestó Manny—. ¡Lo arreglaremos en un periquete!

A los pocos minutos, el equipo había reparado el barco. Sally no paró de sonreír el resto del día y su mamá estaba muy agradecida por la ayuda de Manny.

—¡Vaya!, Manny, no te había visto tan relajado desde que llegamos —observó Turner.

—Reparar cosas me hace feliz. Me gusta ayudar a la gente —explicó Manny.

Squeeze se rio:
—Supongo que arreglar cosas te mantiene realmente a flote, ¿eh?
—Quizá si arreglaras todos los problemas que has observado en el hotel, te quitarías el trabajo de la cabeza —dijo Stretch.
Manny estaba sorprendido:
—Espera un segundo, ¿y qué pasa con el plan de relajarme en la piscina y no pensar en el trabajo?

Dusty se echó a reír:

—¡Como si eso estuviera ayudándote! Si quieres, arreglamos el ladrillo del camino, el cerrojo de la cancela, la mesa que se tambalea y el grifo que gotea —¿creías que no te habíamos visto?—, y después volvemos a relajarnos a la piscina.

Todos estuvieron de acuerdo con el plan y el equipo se puso manos a la obra con las reparaciones.

En seguida terminaron los arreglos.

—Eh, ¿dónde está Manny? —preguntó Rusty.

—*¡Chist!* —susurró Philip—. ¡Está dormido como un tronco!

—¡Ay! ¡Es peligroso dormir en la chimenea! —exclamó Pat preocupado.

Squeeze sonrió:

—No, Pat. Manny está en la cama, por fin está disfrutando de sus vacaciones. ¡No me extraña que llamen a este lugar Hotel Relax!

A Manny le encanta enseñar nuevas palabras en inglés a las herramientas.
Utiliza la guía que aparece a continuación para aprender con las herramientas.

Yes	Sí
Party	Fiesta
Wonderful	Maravilloso
Emergency	Emergencia
I'm ready	Estoy listo
Table	Mesa
Water	Agua
Young lady	Señorita
No problem	Ningún problema

Título original: *Tools at the Pool*
Adaptación: Belén Garrido Pastor

EDITORIAL EVEREST, S. A.
División de Licencias y Libros Singulares
Calle Manuel Tovar, 8
28034 Madrid (España)

ISBN: 978-84-441-6414-4
Depósito legal: LE. 223-2010
Printed in Spain - Impreso en España
Editorial Evergráficas, S. L.